AF335914

LE

NÉRON

CORSE.

> Ce cruel ennemi des Princes sur la terre,
> Contr'eux, contre leurs droits, si fièrement armé,
> Tombe et meurt foudroyé par le même tonnerre
> Qu'il avait allumé.
>
> J. Bte. Rousseau.

Se trouve chez tous les Marchands de Nouveautés.

A GAND. — JUIN 1815.

LA nature produit par intervalles des êtres dont la mémoire survit à la succession des siècles, soit qu'elle les destine à servir de modèle à la postérité, soit qu'elle veuille l'effrayer par leur exemple.

Ainsi les fastes du genre humain nous ont transmis les noms et les actions de Socrate, de Titus, de Marc Aurèle, de Louis le Juste, et du bon Henri; de Néron, de Vespasien, de Cromwell, de Pierre le cruel et de Robespierre. Jamais le tems ne pourra faire oublier les vertus des premiers, ni les crimes des derniers. Jamais la scélératesse du Corse, tyran de la France, ne s'effacera du souvenir des Nations, et se perpétuera d'âge en âge par le burin de l'histoire! Grâces soient rendues aux Puissances Alliées qui, conduites par la magnanimité, reprennent encore les armes, pour purger l'espèce humaine du monstre dont elle deviendrait la pâture. Elles vont assurer la tranquillité de l'Europe, consolider pour jamais le bonheur de la France, en lui rendant une seconde fois ses Souverains légitimes, dont les sages lois peuvent seules cicatriser ses plaies et la régénérer.

Le caractère de l'homme s'annonce ordinairement dès sa naissance, et change rarement dans le cours de sa vie; aussi celui de Buonaparte ne s'est-il jamais démenti.

Né à Ajaccio, en Corse, le 15 Août 1769, de Charles Buonaparte, Huissier, et ensuite Procureur du Roi dans cette ville, et de Lœtitia Raniolini, il suça avec le lait la haine invétérée que la plupart des Corses ont vouée à la France. (1) Sa jeunesse fut comblée des bontés des Bourbons, puisque M. De Marbœuf obtint pour lui du vertueux Louis XVI, une place gratuite au Collège d'Autun, puis à l'École militaire de Briennes, où il fût instruit jusqu'à l'époque de la révolution dont il embrassa ouvertement le système. On commença à le connaître au siège de Toulon, où il était employé comme Officier d'artillerie, commandant le siège, et d'où il écrivit cette lettre.

« Citoyens Représentans,

« C'est du champ de la gloire, marchant dans le sang

______

(1) Les Romains ne voulaient pas de Corses pour esclaves. Lisez le portrait que Tacite a fait de ces insulaires.

« des traîtres, que je vous annonce avec joie que vos
« ordres sont exécutés, et que la France est vengée.
« Ni l'âge, ni le sexe n'ont été épargnés. Ceux qui
« avaient été seulement blessés par le canon républi-
« cain, ont été dépêchés par le glaive de la liberté
« et par la bayonnette de l'égalité.
« Salut et admiration aux Représentans du Peuple. »
BRUTUS BUONAPARTE, *Sans-Culotte.*

Ensuite il fut destitué par le Représentant du Peuple
Beffroy, comme appartenant à la conjuration du 9
Thermidor; il revint à Paris peu de temps après et
les hommes du jour le remarquèrent bientôt comme
un être extraordinaire. Il fut chargé de mitrailler, au
13 Vendémiaire an 10, les sections de Paris qui voulaient secouer le joug de la Convention. Il ne s'ac-
quitta que trop bien de sa commission, et reçut de
Barras pour récompense, la main de M.^de Beauharnais,
avec le commandement de l'armée d'Italie, où il se
hâta de se rendre. Il prit à Parme deux millions,
dix à Modene, emporta de ces deux villes tous les
tableaux qui lui convinrent et il se comporta de même
à Milan. A Pavie les portes furent enfoncées à coups
de canon; les principaux habitans furent fusillés pour
avoir refusé de payer une énorme contribution qui
leur était imposée.

Il assiégea et prit Mantoue, sans déclaration de guerre;
il entra de même dans la ville de Venise qu'il pilla
comme une ville prise d'assaut. Il en fit autant à Vé-
rone, à Brescia, à Bergame, à Livourne. Tous les
lieux où le génie du mal l'a poussé, attestent son
funeste passage. Après avoir réduit et ensanglanté l'Italie,
il revint à Paris et conçut son expédition d'Egypte.
Chemin faisant, il s'empara de l'ile de Malte, qu'il
ravagea? Que dire de ses campagnes d'Egypte? il com-
mence par renoncer à sa réligion, au culte de sa patrie;
il arbore le croissant et se proclame le soldat de Mahomet. A Suez, cinq mille soldats ennemis tombent
entre ses mains; il faudrait les nourrir : il est plus
avantageux, selon lui de s'en défaire, ils sont fusillés!

Le sort des armes, le force de lever le siège de St.-
Jean-d'Acre; les ambulances sont surchargées de mala-
des, il les fait empoissonner au Caire. Il fait mitrailler
cent mille victimes qui refusaient de payer une impo-
sition sur chaque maison; il fait une guerre cruelle

qui coûte à la France une armée de 40 mille braves; 60 millions d'or, 13 vaisseaux de guerre, 4 frégates, 180 vaisseaux de transport. Il abandonne furtivement son armée et revient en France, non recevoir le châtiment de sa lâche désertion, mais les faisceaux consulaires.

Depuis cette époque, l'Europe entière connaît les cruautés que ce monstre à exercées sur toutes les Nations, son expédition de St. Domingue, sa perfidie envers Toussaint-Louverture, Capitaine-général de cette colonie, pour l'attirer dans le piège et s'en rendre maître. Ce Créole avait réparé par sa bonne administration les pertes que l'incendie avait occasionnées à cette île. Reconnu par Buonaparte, après avoir reçu de lui les lettres et les témoignages les plus flatteurs, après enfin que tout fut rentré dans l'ordre, que tous les nègres eurent été licenciés, et que toutes les munitions de guerre eurent été remises à Leclerc, beau-frère de Buonaparte; Toussaint-Louverture, fut arrêté, conduit en prison comme un criminel, et jeté dans un cachot où il reçut la mort sans aucune formalité.

Les négres furieux ont vengé la trahison faite à leur chef, sur la presque totalité des Français qui faisaient partie de cette expédition, et même sur ceux qui étaient restés sous la protection de Toussaint-Louverture dans la colonie.

Il employa, à-peu-près, le même moyen pour détruire la Vendée; et plusieurs chefs de cette maheureuse contrée, se fiant aux promesses de Buonaparte et à la foi des traités, vinrent à Paris, où les uns furent incarcérés et les autres fusillés.

La guerre d'Espagne dont les malheurs ont été si sagement prévus par le Prince de Bénévent, alors Ministre des affaires étrangères, n'offre point d'exemple dans l'histoire de tous les usurpateurs. En récompense de la générosité du Souverain de ce Royaume, qui avait fourni 30 mille hommes pour servir Buonaparte en Poméranie, il demande à traverser l'Espagne, sous prétexte d'aller en Portugal, s'en empare, met en œuvre la plus abominable perfidie pour contraindre le Roi d'Espagne et son Fils, à renoncer au trône; ne pouvant y parvenir il accuse le fils de conspirer contre le père et le père contre le fils, finit par emprisonner l'un et l'autre; et le scélérat fait fusiller et mitrailler un grand nombre d'habitans de Madrid, qui avaient osé élever la voix pour se plaindre de cet attentat et réclamer leur légitime Souverain.

Cette guerre cruelle a duré six ans, et le nombre de nos guerriers de tous grades qu'elle a moissonnés, et des cruautés inouies que le monstre a fait endurer à cette brave nation, est incalculable. Les traitemens horribles qu'il a fait subir au vénérable Chef de l'Église, que, sans respect pour son âge, sa dignité de Souverain Pontife, et ses vertus éclatantes, il a fait traîner de prison en prison comme un criminel, sont le comble de la scélératesse et de l'ingratitude.

Partout où il a porté ses pas, il a été précédé de la terreur et suivi par la malédiction. Les vols, les massacres, les emprunts forcés, les pillages commis en Hollande, dans les Villes anséatiques, en Prusse, en Autriche, en Pologne, l'incendie de Moscow, les torrens de sang qu'il a fait couler chez tous les peuples, attestent que l'existence d'un pareil homme est le fléau du genre humain.

L'assassinat du Duc d'Enghien est un crime affreux qui révolta toute l'Europe.

La valeur naturelle de ce jeune Prince, qui avait passé douze ans dans les camps, et ses exploits avaient inspiré des inquiétudes à Buonaparte. Cet atroce tyran méconnaissant la foi des traités, violant le territoire d'un Prince allié, fait entrer dans le Grand-Duché de Bade, environ trois mille hommes, cavalerie et infanterie, conduits par les Généraux *Caulincourt*, (1) *Ordener* et *Fririon*; sans déclaration de guerre, sans la moindre formalité. Ces brigands pénétrent, pendant la nuit, jusques dans l'appartement du jeune Prince. Ils le réveillent brusquement, le pistolet à la main, lui laissant à peine le temps de passer un pantalon et une veste de chasse, le font marcher à pied toute la nuit, et le lendemain matin des voitures préparées pour cet effet le transportent à Strasbourg, d'où elles partent la nuit suivante. Le Prince arrive à Paris, à onze heures du soir, sans avoir reposé un seul instant, sans avoir pris aucune nourriture, et est conduit de suite au Donjon de Vincennes, où il paraît devant un simulacre de conseil de guerre, qui le condamne à mort. Les instructions qui furent remises à ce conseil de guerre par *Murat* (2) et *Savary*, (3) étaient la signature de Buonaparte, au dessous de ces mots : *condamné à mort.* Les débats ne furent pas longs et le Prince fut fusillé un instant après à la lueur des flambeaux.

Ainsi périt à la fleur de son âge et au milieu de la plus brillante carrière, un Prince, l'orgueil de sa famille, l'unique rejetton d'une race de héros, le modèle des guerriers, et l'objet de l'amour universel.

Buonaparte aurait bien voulu faire subir le même sort à toute la Famille des Bourbons, sur-tout après que le Roi eut formellement réfusé d'abdiquer le royaume en sa faveur, en échange de la Pologne. Il a toujours entretenu, à grands frais, des émissaires pour cet horrible attentat.

Voici l'un des ordres qu'il donna, le 5 Avril 1803, à cet effet. « Le Prétendant ayant réfusé d'accéder à la « demande du premier Consul, vous l'enleverez de « force, et s'il fait la moindre résistance vous le tuerez. « Comme il est possible, que dans le cas d'une rup- « ture avec l'Angleterre, une armée française occupe « le Hanovre, on vous enverra un détachement de « troupes en habits bourgeois.

« Le Comte de Haugwitz sera informé de ce mou- « vement et le favorisera.

« Vous tàcherez de vous emparer des papiers de M. « De la Chapelle, et de M. De la Chapelle lui-mème, « ainsi que de M. le Comte d'Avrai.

« Vous vous assurerez, en attendant, des commis « de la poste à Varsovie, à l'effet d'intercepter et de « lire les lettres que reçoit ou qu'écrit le Prétendant.

« La maison Schroder et Ce vous comptera quatre « mille ducats au reçu de la présente.

L'émissaire toucha l'argent, mais trouva de la difficul- té à exécuter sa commission.

La Famille Royale se décida à quitter Varsovie et fit bien ; car il est probable qu'un mois plus tard, elle aurait été enlevée par les Agens de Buonaparte et aurait subi le sort du Duc d'Enghien.

Ce n'était pas tout d'avoir assassiné le Duc d'En- ghien, d'avoir voulu assassiner tous les grands Capi- taines, la gloire de Moreau, celle de Pichegru, qui brillait encore à juste titre, aux yeux des armées et de la Nation, devait aussi être sacrifiée à sa lâche ambition. Mais comment atteindre deux hommes aux- quels on ne pouvait reprocher aucun genre de crime et dont la France admirait la valeur et les talens militaires? L'un d'eux d'ailleurs était en pays étranger; il mit alors en usage les insinuations, les promesses et tous les genres de corruption dont il faisait une étude approfondie. Des agens envoyés par lui en Angleterre, sous prétexte de servir la cause des Bourbons, attirèrent en France Pichegru et d'autres personnes dévouées au Roi; on créa à Paris une prétendue conspiration contre Buonaparte; on arrêta Moreau, Pichegru et autres. Pichegru pendant l'instruction du procès s'est étranglé, dit-on, dans la prison; mais toute la France a su que la cravate qui l'étrangla, sortait de la *garde robe de Buonaparte*, et avait été placée au col de Pichegru, par ses agens. Buonaparte aurait tout sacrifié pour assassiner Pichegru, parcequ'il servait de bonne foi les Bourbons qu'il voulait rétablir sur le trône.

Par un rafinement de scélératesse, Buonaparte faisait périr les assassins qu'il employait à l'exécution de ses crimes; c'est ainsi que les quatre mamelouks qui étranglèrent Pichegru, furent fusillés, sous quelque prétexte imaginaire. « C'est le seul moyen, dit Buonaparte, de les empêcher de parler. »

Moreau et tous les autres accusés furent jugés, et si Moreau ne périt pas avec eux, c'est peut être la seule fois que Buonaparte n'osa pas faire ce qu'il appelait un coup d'état. L'armée qui était indignée de ce procès, l'épouvanta. Ne pouvant faire périr le Général, il crut le déshonorer en le faisant condamner à une détention de deux ans.

A l'occasion du procès du Général Moreau, on rapporte le trait suivant:

Avant que l'avocat de Moreau eut commencé son playdoyer, le Général prononça un discours admirable, qui électrisa tout l'auditoire. Le Grand-Juge Regnier (4) qui faisait régulièrement son rapport à Buonaparte de ce qui se passait à la Cour criminelle fut, à ce qu'il paraît, trompé par l'agent qu'il employait pour rendre compte, heure par heure, de ce qui se passait.

On dit au Grand-Juge que le discours était assez mauvais, et plus propre à faire tort au Général qu'à le servir; sur ce rapport le Grand-Juge ordonna que le discours fut imprimé et distribué. Il alla ensuite à St. Cloud, et rendit compte à Buonaparte de ce discours et des ordres qu'il avait donnés pour le faire imprimer. Cependant Murat qui avait été présent au tribunal, arriva à St. Cloud et rendit compte de ce qu'il avait vu et entendu, ajoutant qu'il ne concevait pas comment le Grand-Juge pouvait permettre qu'on imprimât un semblable discours, qu'il montra à Buonaparte, tels que les écrivains sténographes l'avaient recueilli. Aussitôt l'Empereur de nouvelle fabrique, tomba sur son Grand-Juge et l'accabla de coups. On ôta ce malheureux de la présence du tyran, qui sans cela l'eût tué. Rien n'était, dit-on, plus plaisant que de voir, un Grand-Juge étendu tranquillement sur un sopha, et se laissant assommer comme un esclave, sans faire la moindre résistance; et lorsqu'on l'amena dans l'antichambre, il était baigné dans son sang, sa robe déchirée, sa peruque à la main pleurant comme un écolier, et le magnanime Empereur courait par la chambre en criant : « Malheureux Prince! je ne « suis entouré que par un tas de J..... F ! » On sait d'ailleurs qu'une partie des Généraux, des Ministres et des Hommes d'état, étaient les plus vils esclaves devant leur maître et les plus insolents des maîtres devant leurs sujets. Presque tous ont reçu des coups de poing, des coups de pieds ou des soufflets.

Combien d'autres crimes ne pourrait on pas lui imputer? la mort de Kleber, en Égypte, de Desaix, à Maringo, de l'Amiral Villeneuve, à Rennes, de la Famille entière du Comte de Colloredo, en Hongrie, de M. Palm, Libraire, à Nuremberg, de M. Benningten, à Zell, du Capitaine Wright, au Temple, du Comte Bunau, Ministre Saxon, à Paris, de M. Azzara, Ambassadeur d'Espagne, à Paris, du Général Hoche, et de beaucoup d'autres qui furent massacrés ou empoisonnés, pour n'avoir pas voulu servir l'ambition du tyran. Rien de tout cela ne doit étonner sous le règne d'un pareil barbare. Il portait naturellement le mal dans son sein, comme une mère y porte son fruit avec orgeuil et joie.

Son administration tyrannique, son caractère atroce, ses forfaits sont sans exemples. Il a sacrifié des millions de Français, pour détruire des peuples qui ne voulaient pas la guerre; laissant les armées sans solde, sans armes, et souvent sans vivres; des hôpitaux sans approvisionnemens, des milliers de blessés privés de pansemens, expirant de misère et de faim; et l'on voyait partout une foule de mourans se presser à la porte des hôpitaux pour prendre la place que les morts avaient laissés.

Conscrits, mieux nommés proscrits, tel était votre sort ; par une loi tyrannique vous étiez enlevés à vos familles, sans avoir le temps d'en essuyer les pleurs ; envoyés au combat, sans savoir vous servir de vos armes. Si le boulet de l'ennemi ne faisait que vous blesser, vous alliez mourir de faim ou faute de pansement au fond d'un hôpital. C'est celui qui se disait le défenseur de la gloire nationale, qui vous traitait ainsi ; et les mots sacrés de vertu, de patrie, de bien public, étaient à chaque instant prononcés et profanés par cet énergumène !

Ce tyran n'avait pour gouverner aucun mérite : il avait renversé toutes les anciennes maximes de l'État, en y substituant des systèmes monstrueux, qui n'avaient d'autre but, que celui d'obtenir une autorité despotique. A cet effet il écrasa la France d'impôts, et parvenant de cette manière à s'emparer de toutes les richesses, il porta ses revenus et ses dépenses à l'infini.

Plongeant ainsi la France, dans la misère, il croiait se rendre l'arbitre absolu de toutes les volontés. Excité par la ridicule ambition d'effacer la gloire de nos anciens Rois, dont il ne parlait qu'avec un ton de dédain, il était avide de louanges, et voulait que ses courtisans la portassent à son égard, jusqu'à l'idolâtrie. Il n'écoutait ni conseils ni remonstrances et ne supportait aucune espèce de contradiction ; il n'avait aucuns principes, aucune régle en administration ; tout renverser, tous détruire était sa politique. Réligions, coutumes, mœurs, gouvernement, foi publique, jamais il ne respecta rien. Guerrier féroce, politique ignorant, législateur absurde ; il foula tout aux pieds, et rendit son nom odieux à tous les peuples. Sacrifiant ses alliés ou les traitant en esclaves, il affectait dans toutes les négociations de vouloir dicter la paix, dont il ne voulait à aucun prix. Les cours intervales de paix n'étaient que des suspensions d'hostilités, et il ne les employait qu'à préparer de nouvelles attaques, qu'à lever de nouvelles troupes, qu'à méditer de nouvelles conquêtes. Personne mieux que lui ne sut préparer des germes de guerre dans les traités de paix.

Avait-il renversé une puissance voisine, il redoutait

celle qui la touchait; de proche en proche, sa fureur
soupçonneuse et sa craintive politique enveloppaient
les deux mondes. N'ayant jamais pardonné, il ne pouvait concevoir qu'on pût lui pardonner ses attentats
et ses usurpations.

Il savait que pour se maintenir sur le trône, il
fallait que tous les États voisins fussent gouvernés par
des usurpateurs. Buonaparte on n'en saurait douter,
avait fait ce calcul; aussi dit-il alors qu'avant dix ans
il serait le chef de la plus ancienne dynastie de l'Europe.

Il renversait ses plus fidèles alliés qui ne voulaient point
l'aider à cimenter son despotisme. Sa passion était
d'abattre des trônes, de détruire des états et d'anéan-
tir des dynasties. Le pillage, le meurtre et l'incendie
l'accompagnaient partout : il nous fit des ennemis irré-
conciliables de tous les peuples qu'il voulait incorpo-
rer à son Empire. Son ambition n'était pas seulement
de conquérir la terre, mais de l'ensanglanter et de la
dépeupler. Il aimait le carnage, la vue du sang réjouis-
sait ses regards. Le plus beau de tous les spectacles
pour lui, était un champ de bataille couverts de morts.
Plus d'une fois il fit passer son carosse sur les cadavres.
Il avait pour tous les hommes un tel mépris, qu'il eut
vu périr le dernier sans regret, et qu'il les eut tous
immolés sans remords. Soldat farouche et sanguinaire,
il avait la férocité du tygre et les ruses du serpent; la
perfidie de Tybère et la cruauté de Néron. Sa vie entière
n'offre qu'une série continuelle des plus abominables
forfaits.

Tant de troubles affreux, tant de sang répandu, tant
de scandales commis, tant de provinces ravagées,
tant de villes et de villages réduits en cendre
avaient indigné et soulevé contre lui toute l'Europe.
La France entière allait être dépeuplée; la culture des
terres était presque abandonnée; les villes et les campagnes se dépeuplaient; les prisons étaient remplies des
familles des conscrits qu'on y gardait jusqu'à l'arrivée
de ces victimes au champ de bataille ; toutes les manu-
factures languissaient et ne nourrissaient plus les ou-
vriers ; tout commerce était anéanti. La France était
un vaste hôpital, sans provisions, et la guerre civile
s'allumait de toutes parts. Le peuple était accablé d'impôts qu'on lui arrachait à force d'exécutions militaires ;
il était contraint d'approvisionner les hôpitaux; l'armée

également n'était nourrie et habillée qu'au moyen des réquisitions ; de nouvelles contributions se créaient tous les jours, et des percepteurs à main-armée étaient chargés du recouvrement. Les victoires portaient la désolation dans le cœur de tous les gens honnêtes ; encore une victoire disait-on, encore une conscription, encore une guerre nouvelle ! On n'avait plus pour le despote, ni amour, ni confiance, ni respect : son système continental n'avait d'autre but, que d'écraser le commerce, dont il était le plus cruel ennemi ; c'est ce qui rendait sa haîne si prononcée contre l'Angleterre, dont il voulait faire l'ennemi du genre humain, parceᴄqu'elle ne voulait pas plier sous sa tyrannie. Il voulait l'affamer et ruiner son commerce, en lui faisant fermer tous les ports de l'Océan et de la Méditerranée ; et en attendant sa ruine, il lui faisait une guerre d'injures qui le rendit lui-même un objet de mépris et de pitié pour tous les hommes sensés. Tous les journalistes avaient l'ordre de payer chaque jour un tribut d'injures aux Anglais, parceque leur gouvernement ne voulait pas entrer dans le plan de pacification que Buonaparte disait avoir conçu et arrêté pour le bonheur commun. Ils furent accusés par lui, d'être les auteurs de toutes les guerres que sa rage et son ambition seules provoquaient, d'exciter le peuple à la revolte contre leur souverain, tandis qu'au contraire c'était lui qui envoiait des émissaires chez toutes les nations, pour corrompre l'opinion publique, au point de faire écrire dans le journal officiel de france « *que le Peuple An-* « *glais se souleve contre un gouvernement oppresseur,* « *et il trouvera dans les Français des libérateurs et* « *des amis.* »

Le 15 Mai 1809 il adresse aussi de Schœnbrunn, aux Hongrois, une proclamation dans la quelle on trouve le passage suivant : « *le moment est venu de* « *recouvrer votre indépendance. Votre union avec* « *l'Autriche a toujours fait votre malheur ; le tems* « *est venu de vous en séparer. Vous avez des mœurs* « *nationales, une langue nationale, une illustre et* « *ancienne origine ; reprenez votre rang parmi les* « *nations ; ayez un Roi de votre choix (* il voulait « *dire du sien) qui ne règne que pour vous, qui ré-* « *side au milieu de vous ; voilà ce que l'Europe* « *vous demande, voilà ce que je vous demande*

« *avec elle.* » On se rappelle d'ailleurs, qu'il a dit plusieurs fois qu'il voulait affranchir et éclairer tous les Peuples de l'Afrique et de l'Asie.

En voulant empêcher tous les peuples de faire le commerce avec l'Angleterre, il le faisait lui-même. Mais il voulait être l'unique marchand de son empire. Les tabacs, les sels, les laines, les denrées coloniales, tout était pour lui l'objet d'un monopole odieux.

Les licences qu'il avait créées étaient, suivant lui, pour la prospérité de ses bonnes villes de Lyon et Bordeaux. Il exigeait, pour payement des denrées coloniales, qu'on exportât des soieries et des vins. Il savait cependant bien, que dans cette prétendue exportation, les espèces (*) de vins et soieries qu'on embarquait étaient jettées à la mer, à la sortie des navires porteurs de licences. Ces navires étaient visités en route où à leur arrivée et les marchandises étant prohibées en Angleterre, tout eut été confisqué. Ainsi, c'était de l'or que le commerce exportait, de manière qu'avec la guerre et le commerce de licences, il fallait que la France fut bientôt réduite au néant.

Cela entrait fort bien dans ses vues, puisqu'il disait : « *le commerce ne fait pas la prospérité des* « *états ; l'Angleterre se ruine et sa chûte est cer-* « *taine. Les Hollandais ne sont pas faits pour vi-* « *vre en nation. Mon Frère Louis est un fraudeur :* « *ce peuple est une compagnie de marchands, de* « *mercantilleurs ; je veux qu'ils apprennent à se* « *battre.* »

Sa tyrannie était révoltante ; il supprimait tous les journaux dont les auteurs doués de courage et de talents excitaient sa défiance et ses inquiétudes. Sa police surveillait avec une minutieuse attention, les théâtres, les cafés, les gens de lettres et leurs ouvrages, les maisons d'éducation et d'enseignement publics, qui n'étaient plus que des exercices et des promenades militaires ; les poëtes, les historiens, les imprimeurs, les libraires, en un mot les hommes et les choses qui pouvaient mettre le moindre obstacle à ses vues, à ses projets, à son ambition.

Pour écrire et parler il fallait célébrer avec enthou-

(*) Je dis espèce, parce qu'au lieu de vin, la majeure partie était de l'eau teinte de bois de campêche et des caisses, qui au moyen d'arrangemens étaient plombées et devaient contenir soieries, etc.

siasme ses victoires, et dire que la France ne fut jamais plus heureuse que sous le Gouvernement du grand Napoléon. Il fallait chanter sa vaillance et sa renommée; ne peindre que ses batailles et ses exploits. Ses orateurs banals, dont Regnault-St.-d'Angely est Président, (5) ne cessaient de nous entretenir de son amour pour le peuple, du vif intérêt qu'il prenait au bonheur de la France, et des plans magnifiques qu'il avait conçus pour le bonheur du genre humain. Les journalistes devaient célébrer ses faits militaires, ses *vertus pacifiques* et ses travaux administratifs; le comparant tantôt à César, tantôt à Charlemagne, ou à Auguste, et finissant par lui dire : « Sire, soyez longtemps vous-même, « vous n'avez point eu de modèle, (*) il n'y a que « l'Être suprême qui soit au-dessus de vous : vous « êtes sur la terre ce que Dieu est dans le ciel. »

Il institua les Cours prévôtales des douanes, qui, après avoir ruiné les particuliers par la confiscation des marchandises et par l'amende triple de la valeur, les condamnaient à dix années de travaux forcés et à la marque. Il voulait faire de la France un vaste bagne. La misère inséparable du règne d'un tyran, forçait des hommes ruinés par les circonstances d'avoir recours à un commerce illicite, pour récupérer ce que le Gouvernement leur avait fait perdre, ou pour dire franchement la chose, ce qui leur avait été volé. C'est ainsi que le tyran démoralisait toutes les classes de la société. Il institua aussi, pour inspecter les prisons, une commission, et sur le rapport de laquelle un homme pouvait être détenu toute sa vie dans les cachots, sans être entendu, fusillé ou étranglé la nuit et sans jugement. Beaucoup ont péri de cette manière.

Ce qui distingue le règne de Buonaparte, et en fait une époque unique dans l'histoire, c'est qu'il ne fut soutenu que par le crime; aucun trait véritablement honorable n'y soulage l'œil de l'observateur.

Dans quelle partie du monde et sous le règne de quel tyran trouvera-t-on une aussi grande quantité d'attentats commis en aussi peu de temps! Quelle page d'une autre histoire que la sienne vous offrira un assemblage aussi épouvantable de bassesses et de cruautés, une aussi profonde immoralité, un oubli aussi complet

---

(*) Rien n'était plus vrai. Dieu veuille qu'il n'en ait jamais.

de toute pudeur, de toutes les bienséances, de toutes les lois de l'humanité! vingt volumes ne suffiraient pas pour décrire ses crimes.

Sa conduite présente à chaque pas une usurpation nouvelle avec des progressions successives : on y voit ce qui n'a jamais paru, ce qu'aucun des usurpateurs qui l'ont précédé n'a jamais osé entreprendre, et ce qui le fera regarder comme un phénomène infernal. Elle est une gradation de vices si méthodiques qu'on n'y trouve pas même l'idée d'une bonne action. On y verra un tyran d'espèce nouvelle, faisant le mal, non seulement lorsque son intérêt l'y portait, mais plus souvent par cruauté. La vertu n'avait aucun prix à ses yeux. Nouvel Érostrate, peu lui importait que sa mémoire fut en exécration aux races futures, pourvu que son nom passât à la postérité. L'histoire offrira des rélations curieuses sur la vie de ce monstre, et il restera prouvé qu'il fut toujours homme méchant, fils ingrat, époux féroce, et ennemi déclaré de la vertu le tyran le plus sanguinaire, le violateur le plus hardi des lois divines et humaines et l'usurpateur le plus audacieux. Toujours opposé au bien, il ne le faisait que par caprice et par ambition. Il comblait, il accablait de dignités ses créatures, et en faisait même des Souverains; mais s'ils ne pliaient pas sous sa tyrannie, il les faisait rentrer dans le néant. Les Rois qu'il a faits n'ont jamais été que des esclaves couronnés.

Tel était le sort de la France et celui de l'Europe, lorsqu'enfin lassé de ses crimes et des désastres qu'il a commis, le ciel a frappé cette tête impie; elle tombe, l'Europe soulagée respire, et le monstre court ensevelir sa honte et ses remords au milieu des rochers de l'île d'Elbe ; les Rois et les Nations fatigués ne s'occupent plus que de projets pacifiques. L'humanité se promet un doux repos ; et des siècles de bonheur; mais tout-à-coup le fléau de l'espèce humaine rompt ses chaînes, et ramène à sa suite de nouveaux orages et la guerre civile; dès-lors plus de paix pour la France, plus de repos pour l'Europe. La génération actuelle ne suffira peut-être pas à la soif qui dévore le tyran! tout doit mourir depuis l'enfant dont le faible bras peut à peine soulever une arme, jusqu'au vieillard dont la main ne peut déjà plus la porter.

Ah! quel fléau pour la terre que l'existence d'un tel

scélérat ! Son retour a porté le deuil et la désolation dans tous les cœurs ; il n'est venu que pour faire couler le sang des hommes ! Grand Dieu pourquoi lui avez-vous conservé l'existence ? toute sa vie est souillée de sang. De vils flatteurs chantent ses victoires, mais l'espèce humaine les déplore ; les cendres encore fumantes de tant de villes, autrefois florissantes, la désolation de la France entière, sont des monumens lugubres qui immortaliseront ses crimes. Il est revenu, comme un torrent furieux, pour ravager la terre.

Jamais ces astres errants, l'effroi des peuples et les précurseurs des calamités, jamais la contagion et la peste n'ont versé autant de maux sur le genre humain !

Un an s'était à peine écoulé, depuis que la France délivrée de ce monstre, rendue à son légitime Souverain, à ses lois, à ses antiques affections, goûtait tous les charmes de la paix, du repos, du bonheur et de la prospérité ; à peine elle commençait sous l'autorité paternelle du meilleur des Rois, à se consoler de 25 ans de désastres, de spoliations, de meurtres et de calamités ; à peine son commerce commençait à renaître, ses colonies à se retablir, ses dettes à s'acquitter, ses blessures à se fermer ; déjà sa prépondérance politique dans la balance de l'Europe se relevait ; déjà elle voyait renaître l'espérance et la sécurité dans tous les cœurs ; notre prospérité s'acroissait de jour en jour ; on ne connaissait le pouvoir du souverain que par le nombre de ses bienfaits : et l'on s'étonnait que la sagesse de Louis XVIII ait pu créer tant de prodiges en si peu de tems ; le Néron Corse reparait, et sa funeste arrivée anéantit tout en un moment.

Si pendant 25 ans les trônes ont été ébranlés par des principes dangereux et des entreprises téméraires ; si un soldat obscur, farouche ; si un prince de théâtre qui ne savait porter le manteau royal, que parceque le comédien Talma le lui avait appris ; sans aucun droit, sans aucun titre est parvenu à s'asseoir sur le trône ; s'il s'est élevé au faîte de la grandeur ; s'il s'est associé à ce qu'il y a de plus grand et de plus distingué dans les empires, pourquoi la Providence l'a-t-elle permis ? pourquoi lorsque le moment de la vengeance était arrivé, la justice divine et humaine ne l'a-t-elle pas frappé ? Il s'agissait de venger la mort de neuf à dix millions de victimes immolées à l'ambition du tyran.

Il n'eut jamais de pitié pour personne, devait-il en inspirer aucune? On a déjà dit avec raison que l'assassin du Duc d'Enghien, le conspirateur de Bayonne, l'incendiaire de Moscou et le fléan du genre humain n'était pas fait pour s'asseoir au banquet des Rois. Avant sa chûte il en était indigne; à sa chûte il devait être conduit à la barre des nations pour y être jugé.

L'intérêt, l'honneur et la sûreté des trônes ont été compromis trop longtems. Verra-t-on tous les jours les plus étranges révolutions éclater au sein des Empires; la dynastie la plus ancienne, la plus illustre et la plus affermie, sera-t-elle tout-à-coup anéantie; les peuples les plus paisibles se verront-ils en proie aux plus terribles secousses; les conditions, les rangs, les fortunes et tout l'ordre social seront-ils bouleversés, parce qu'un impudent aventurier, un charlatan révolutionnaire aura gagné des soldats en leur promettant le pillage?

Il est donc de la prudence et de la sagesse des Souverains, il est de l'intérêt essentiel des peuples, d'étouffer jusques dans leurs germes ces hardis usurpateurs, fléaux des nations et la peste du genre humain. Alors chaque citoyen se bornant à la condition où la Providence l'a placé, se contentera d'en remplir les devoirs, et l'ambition et l'avidité tenues pour ainsi dire captives, ne ravageront plus la société. Les états ne seront plus déchirés, ni ensanglantés; chacun ne s'occupera plus qu'à s'élever et à se maintenir par les talents, la vertu et les services que l'on peut rendre à sa patrie.

Illustres Souverains, guidés par un excès de générosité, vous avez pardonné à l'homme qui depuis 15 ans, n'a cessé de troubler le monde et de l'épouvanter de ses crimes. Il est revenu la torche à la main, pour rallumer la guerre et faire couler le sang. La justice et l'humanité vous prescrivent de réparer la faute magnanime que vous avez commise, par trop de condescendance, en accordant la vie et la liberté au fléau de l'espèce humaine.

Les brigands des forêts sont arrêtés pour garantir la sûreté des voyageurs; les secours de la médecine préviennent les maladies épidémiques; chacun réunit ses efforts pour la destruction des bêtes féroces; le supplice de l'assassin sert d'exemple aux malfaiteurs; la justice ne supporte jamais l'impunité du crime; et les assassins du trop bon, du vertueux Louis XVI, les collègues de Robespierre, les bourreaux des familles les plus recommandables de la France, ceux qui n'ont jamais hésité sur un crime, jamais épargné une victime, qui ont conservé après la chûte de leur chef, emplois, dignités, protection, sécurité, fortune même illégitimément acquise ; l'espoir de ramener ces factieux à la raison et de les empêcher de troubler la paix et le bonheur public, avait porté la bonté du Roi à les conserver tous dans leurs places, au détriment d'une foule d'émigrés qui, déjà dépouillés de leurs biens par la révolution, se voyaient encore forcés de gémir dans une obscure et triste indigence, loin d'un trône qu'ils voyaient, avec douleur, entouré de ses ennemis les plus implacables ; et ce sont ces mêmes hommes, comblés de la générosité du meilleur des Rois, qui ont préparé le retour du cruel spoliateur de la France. Sujets rebelles, parjures Français, comment a-t-on pu croire à vos sermens, vous qui les avez trahis tant de fois ! Vous vous êtes élevés au faîte des honneurs et de la fortune par le crime ; ce n'est que par le crime que vous pouvez vous y maintenir ; et vous en commettrez jusqu'au moment de votre chûte, qui ne peut-être éloigné. Le Gouvernement équitable et sage de Louis XVIII, ne pouvait vous convenir ; il vous fallait de nouvelles victimes, de nouveaux incendies, de nouvelles proscriptions. N'est ce pas sur des monceaux de cadavres et sur les ruines de la France et de l'Europe que les complices du tyran se sont élevés à la fortune et à la puissance ? Exemple frappant pour les Souverains, qui revêtus d'un pouvoir légitime usent envers les coupables, même avec des louables intentionss d'une indulgence préjudiciable à leur sûreté, et à celle de leurs peuples ?

Non, le trop bon Louis XVIII ne souffrira plus que le sol de cette belle France, reste souillé par la présence de tant de brigands, élevés à la puissance et gorgés de richesses par l'audace et la scélératesse ; ils sont l'horreur de tous les honnêtes gens ; ils font la honte de la nation qui en demande justice.

Bons Français, mes nobles compagnons d'infortune, le crime est sur le trône, il est entouré de ses complices et porte de tous côtés la terreur et la désolation ! Les trésors vont devenir une seconde fois la proie de leur insatiable avidité ; ils vont tout sacrifier à leur fureur, à leur lâche vengeance, ils condamnent la génération actuelle à périr, pour les défendre. Rien ne saurait exprimer les maux affreux qu'ils nous préparent. Le pillage de nos biens, la perte de nos armées, de nos trésors, les malheurs de l'invasion, l'assassinat de nos Princes et de nos Rois, le massacre de nos femmes et de nos enfans, les troubles et la désolation de notre chère patrie, la perte enfin de notre liberté furent déjà l'ouvrage de ces hommes couvert de sang ! Ils ont commis tous les excès, inventé tous les crimes, ils sont abhorrés de toute la France; en exécration à tout l'univers.... Souffrirons-nous qu'ils fassent éclater encore sur nos têtes tant de calamités ?

L'audacieux Buonaparte publie à la face de l'Europe que du fond de son île il a entendu les plaintes, les gémissemens du peuple, qu'il est accouru pour essuyer ses pleurs, que l'assentiment unanime de la Nation française le rappelle sur le trône ; quelle a su manifester ce vœu par l'accueil qu'elle lui a fait partout où il a passé, et par la vive allégresse dont elle a signalé son entrée dans la capitale. Il croit en imposer à l'Europe, mais le temps du Charlatanisme est passé.

Son retour a été préparé par des intelligences sourdes et criminelles, par des conspirations militaires, par la trahison des grands révolutionnaires, qui ne pouvaient se persuader qu'on laissât longtemps impunis leurs vexations, leurs vols et leurs assassinats. Ils étaient soutenus d'une armée qui depuis vingt-cinq ans accoutumée au brigandage, au meurtre et à la dévastation, ne connaissait plus de patrie, mais seulement un chef qui leur promettait de nouveaux pillages, un avancement rapide et de nouvelles dignités.

Tandis que le départ du Roi de la capitale faisait couler les larmes du peuple, Buonaparte entrait dans Paris, précédé d'un régiment de cavalerie, le sabre à la main et le pistolet au poing. Toutes les boutiques étaient fermées ; le silence et la consternation regnaient de tous côtés, et n'étaient interrompus que par les vociférations de la soldatesque effrenée. On peut comparer ce jour fatal à celui où le meilleur des Rois fut la victime des mêmes hommes qui forcèrent son digne successeur à sortir de la capitale. La situation des Parisiens, le jour de l'entrée de Buonaparte, peut encore se comparer à celle où se trouvaient les paisibles habitans de Madrid, de Vienne, de Berlin, de Moscou, lorsque l'usurpateur s'en empara.

La nation qu'il met si hardiment en feu, fut non seulement étrangère à cette entreprise audacieuse et criminelle, mais elle est révoltée des odieux supterfuges qu'il emploie pour l'associer à son ignonomie. La France épouvantée du retour des plus furieux révolutionnaires, affaissé sous des chaines de fer, courbé sous un joug tyrannique et monstrueux, menacée enfin de voir renouveller les scènes de 93, se tait, gémit et attend du Ciel et des Alliés son heureuse délivrance. On effraie le peuple par des proclamations, par de fausses nouvelles, par des arrestations, des mésures de police. On lui repète sans cesse que les Alliés viennent ravager la France, que son demembrement est conclu, que LOUIS XVIII a abdiqué, que la Famille royale est embarquée, et que Buonaparte seul peut sauver la patrie.

Le peuple n'est pas dupe de toutes ces impostures; il n'ignore pas qu'il n'a rien à redouter pour lui même de l'entrée des troupes étrangères; que les Alliés ne lui raviront que ses malheurs; leur conduite passée lui étant un sûr garant de leur conduite future; que les napoléonistes, les révolutionnaires, les conspirateurs et les parjures seuls doivent trembler. Il fait peu de cas des peines que l'on prend pour le tromper encore; il ne fait plus des vœux que pour son Roi, son père, son maître légitime, le bon et vertueux LOUIS XVIII; et non pour le tyran nourri du sang humain, qui veut achever de l'asservir et de l'immoler, en publiant partout qu'il veut le rendre heureux. Il attend le signal des Souverains, l'approche de nos vaillans Princes, pour secouer ses chaines et terrasser son barbare oppresseur et ses complices. Les départemens du Nord et du Pas-de-Calais surtout, attendent avec une vive impatience le retour du Drapeau Blanc et des Lys.

Les droits de Louis XVIII au trône sont inviolables et sacrés; il a su les graver dans le cœur de tous les Français, et voici ceux que pourrait invoquer Buonaparte.

Dans l'art de gouverner, instruit par Robespierre,
J'ai mis en action les maximes d'Etat;
Jacobin, Général, Républicain, Soldat,
De tous les Novateurs j'ai suivi la carrière;

J'ai porté le Turban, le Casque et le Bonnet,
J'adorai Jesus-Christ, j'encensai Mahomet ;
J'ensanglantai le Nil, et le Rhin et le Rhône,
J'ai trompé l'Univers, voilà mes Droits au Trône.

GAND, *le 10 Juin 1815.*

L. VERRIEZ, *de Dunkerque.*

Il ne sera pas sans intérêt de voir réuni ici trois Discours prononcés par Buonaparte à différentes époques.

Le premier est celui qu'il prononça en comité sécret à St. Cloud, le 17 Floréal, étant premier Consul.

Le second est sa réponse faite le 1.er Janvier 1814, au rapport de la Commission du Corps législatif.

Le troisième n'est qu'un extrait de celui qu'il a prononcé à son Champ de Mai dans le mois de Juin.

PREMIER DISCOURS.

« MESSIEURS,

« En vous rassemblant autour de moi, je n'ai d'autre
« vue que de vous pressentir sur un événement dont
« les résultats doivent assurer la gloire, la tranquillité
« et le bonheur de notre patrie. Depuis longtems la
« capitale et les départemens font circuler autour de
« moi une foule d'adresses, dont le vœu bien exprimé
« serait de voir centraliser le Gouvernement dans une
« seule famille.

« S'il faut les en croire, un chef unique, élu sui-
« vant les Constitutions de la république et le vœu du
« Peuple français consulté, un chef unique auquel se
« rattacheraient toutes les autres autorités, briserait à
« jamais le point de mire de l'ambition, anéantirait de
« coupables espérances, donnerait plus de consistance
« à l'état et plus de garantie aux Cours étrangères.

« L'opinion de mes Concitoyens, trop indulgens à
« mon égard, me fait une loi de ne point vous déve-
« lopper les avantages d'un pouvoir héréditaire mitigé
« par des lois sages et sacrées. Oui, Messieurs, de
« toutes les peines qui peuvent m'attendre aujourd'hui,
« la plus cruelle, sans doute, serait de me voir un
« seul instant soupçonné d'ambition : à cette idée seule
« je sens mon cœur se reserrer péniblement.

« Cependant je suis ambitieux ; oui, Messieurs, je
« le suis. Je désire vivement de voir la France au pre-
« mier rang des Puissances de l'Europe ; de la voir
« tranquille dans l'intérieur, respectée au déhors, et
« redoutable à quiconque oserait s'en déclarer l'ennemi.
« Pour atteindre ce grand but, il n'est rien que je
« n'entreprenne ; surtout quand j'ai la douce consola-
« tion que vous me seconderez de vos lumières et de
« vos conseils. Voilà, Messieurs, l'unique ambition
« qui me dévore ; sentimens précieux auquel je m'aban-
« donne avec délices, auquel je sacrifierai s'il le faut,
» jusqu'à la dernière goûte de mon sang.

« Ces honorables dispositions, vous les partagez sans
« doute avec moi ; et j'ose vous en demander une preuve
« bien éclatante. Premier Magistrat de l'état, je vous
« prie, Messieurs, de m'oublier dans vos décisions.
« Un résumé d'aussi grande importance ne doit être
« influencé, ni par ma dignité, ni par les faibles ser-
« vices que j'ai rendus à mon pays, et qui m'ont
« acquis votre honorable estime.

« Votre opinion doit être vierge ; elle jaillit de la
« sincérité de notre cœur, de la pureté de nos princi-
« pes, et surtout de l'intérêt sacré que chacun de
« vous doit prendre à la prospérité de l'état. Retour-
« nez, Messieurs, parmis vos collègues, instruisez-les
« de mes dispositions ; dites-leur bien que l'individu,
« quelqu'il soit, n'est rien, quand il s'agit du bonheur
« général. Engagez-les à bien parcourir, à scruter,
« les différents hommes de mérite que la France pos-
« sède aujourd'hui : si, dans le nombre, ils rencon-
« trent quelqu'un plus digne que moi de tenir les
« rênes de l'état, assurez-les que je les lui remettre-
« rai sans regret ; que je serai le premier à reconnaî-
« tre son nouveau titre, et que je le servirai de tous
« les moyens qui sont à mon pouvoir. S'il est beau
« d'être à la tête des lois du premier peuple du mon-
« de, il n'est pas moins glorieux de servir celui que
« la nation a rendu dépositaire de ces mêmes lois. »

M.ʳ R.....r, chargé de répondre à ce discours,
dit : « Citoyen Consul, mes collègues et moi, nous
« vous refusons aujourd'hui une réponse qui bles-
« serait à coup sûr votre modestie : dans quelques
« jours, le sénat en corps vous transmettra cette ré-
« ponse, que vous pourriez lire à l'instant même dans

« les yeux et dans tous les traits des personnes qui
« vous entourent. »

Buonaparte reprit : « je vous remercie, Messieurs,
« quelle que soit la réponse du Sénat, il me verra toujours
« disposé à suivre ses décisions, bien convaincu que
« je sais qu'elles seront toujours dans le sens du bon-
« heur général et de la prospérité de l'état. «
N'était-ce pas là une vraie comédie. ?

DEUXIÈME DISCOURS.

« MESSIEURS LES DÉPUTÉS,

« Je vous ai appelés autour de moi, pour faire le
« bien ; vous avez fait le mal..... vous avez, parmi
« vous, des gens dévoués à l'Angleterre, qui corres-
« pondent avec le prince Régent, par l'entremise de
« l'avocat Desèze. Les onze douzièmes parmi vous sont
« bons ; les autres sont des factieux. Rétournez dans
« vos départemens ; je vous suivrai de l'œil. Je suis
« un homme qu'on peut tuer, mais qu'on ne saurait
« deshonorer. Quel est celui d'entre vous qui pourrait
« supporter le fardeau du pouvoir ? Il a écrasé l'As-
« semblée constituante, qui dicta des Lois à un Monarque
« faible. Le faubourg St. Antoine vous aurait secondés ;
« mais il vous eut bientôt abandonnés...... Que sont
« devenus les jacobins, les girondins, les Vergniaux,
« les Guadet et tant d'autres ? Ils sont morts. Vous
« avez cherché à me barbouiller aux yeux de la France :
« c'est un attentat. Qu'est-ce que le trône, au reste ?
« quatre morceaux de bois doré recouvert de velours....
« Le peuple n'est rien, je suis tout ; tout réside dans
« moi et avec moi. Je vous avais indiqué un comité
« sécret : c'était là qu'il fallait établir vos doléances ;
« c'était en famille qu'il fallait laver notre linge.....
« J'ai un titre, vous n'en avez pas. Qu'êtes vous dans
« la constitution ? Rien. Vous n'avez aucune autorité :
« c'est le trône qui est la constitution ; tout est dans
« le trône et dans moi.. ..

« Je vous le répète, vous avez parmi vous des fac-
« tieux. M. l'Ainé est un méchant homme ; les autres
« sont des factieux : je les connais et je les poursuivrai.
« Je vous le demande : était-ce pendant que les enne-
« mis sont chez nous, qu'il fallait faire de pareilles
« choses ? La nature ma doué d'un courage fort : il

« peut résister à tout. Il en a beaucoup coûté à mon
« orgueil; je l'ai sacrifié. Mais je suis au-dessus de
« vos misérables déclamations. J'avais besoin de con-
« solations, et vous m'avez déshonoré; mais non : mes
« victoires écrasent vos criailleries. Je suis de ceux qui
« triomphent ou qui meurent. Retournez dans vos
« départemens..... »

Cet étrange discours est d'un fou, et donne la
mesure de celui qu'on a voulu longtemps faire passer
pour un homme de génie et un grand homme.

TROISIÈME DISCOURS.

« Empereur, Consul, Soldat, je tiens tout du peu-
« ple. Dans la prospérité, dans l'adversité, sur le
« champ de bataille, au conseil, sur le trône, dans
« l'exil, la France a été l'objet unique et constant
« de mes pensées et de mes actions. Comme le Roi
« d'Athénes, je me suis sacrifié pour mon peuple,
« dans l'espoir de voir se réaliser la promesse donnée
« de conserver à la France son intégrité naturelle,
« ses honneurs et ses droits, etc. etc.

« Français, ma volonté est celle du peuple; mes
« droits sont les siens; mon honneur, ma gloire, mon
« bonheur ne peuvent être que l'honneur, la gloire
« et le bonheur de la France. »

(Les Notes sont tirées d'un Auteur connu.)

(1) *Général Duc de Vicence , Grand-Maître de la Cavalerie et Ministre des rélations extérieures.*

Il est fils d'un homme qui doit sa fortune à M le Prince de Soubise, grand-père maternel de M. le Duc d'Enghien ; c'est un Caméléon dangereux, partout où il est placé. Il est l'exécuteur secret de tous les assassinats medités par le bureau de l'Europe. Il a dans ses cartons les listes des espions qu'il a payés sur leurs quittances. Le nombre est de 5475.

(2) *Usurpateur du trône de Naples et Grand-Amiral de France.*

Le dictionnaire biographique de la révolution française ne peut produire un monstre plus sanguinaire, plus cruel, plus avare, plus insolent et orgueilleux que ce Murat qui ressemble parfaitement, et sous tous les rapports, à son impérial beau-frère Napoléon. J'ai recueilli tous les renseignemens possibles, relatifs aux vicissitudes extraordinaires de la vie de ce misérable. On peut donc regarder comme authentiques les faits que je vais mettre sous les yeux de mes lecteurs.

Joachim Murat, né à Quercy, est fils d'un maître de poste, qui tenait une petite auberge. En 1784, un gentilhomme, qui changeait de chevaux à cette poste, frappé des observations et des réponses de notre héros, encore très-jeune, le prit en amitié, et lui demanda s'il voulait venir à Paris avec lui. L'enfant (il avait alors quatorze ans), enchanté de l'offre qu'on lui faisait, pria son père de lui permettre de profiter de cette occasion de voir la capitale, et il n'eut pas de peine à obtenir son consentement.

Ce gentilhomme, dont je n'ai pas pris le nom dans mes notes, demeurait rue Caumartin à Paris; Murat ne resta pas longtemps avec lui; je n'ai jamais pu savoir pourquoi; et je ne crois pas devoir rapporter les bruits vagues que je recueillis à cet égard.

En quittant son premier bienfaiteur, Murat entra comme marmiton dans les cuisines du Prince de Condé à Chantilly, d'où il fut chassé pour vol. On n'a connu ce fait, il y a cinq ans, qu'à l'occasion suivante.

Murat dînant un jour chez M......., trouva tous les plats tellement à son goût, qu'il pria son hôte de lui donner un bon cuisinier, parce que le sien le quittait. M....... observa que sa demande venait très-à-propos, en ce que ce n'était pas son cuisinier qui avait fait son dîné, et qu'il devait la bonne chère de ce jour aux talens d'un ancien artiste actuellement sans place. Enfin Murat pria M....... de le lui envoyer. Et en effet, M....... dit au cuisinier d'aller parler à M. Murat. Le cuisinier ne se souciait pas du tout d'avoir cet honneur. M...... le pressa de lui dire quels motifs il avait de ne pas le faire. Le cuisinier était prudent, n'osait rien répondre : à la fin il se laissa déterminer et il prit le chemin du Palais de Murat.

Dès que Murat le vit, il reconnut en lui l'ancien chef sous lequel il avait travaillé dans les cuisines du Prince de Condé; ce cuisinier savait bien qui était Murat, c'était pour cela qu'il ne voulait pas aller chez lui. Murat paya d'effronterie, et sans se déconcerter, dit au cuisinier qu'il parlerait à M....... Effectivement lorsque Murat revit M......., il lui observa que son vieux cuisinier était un mauvais sujet. M........ crut voir du mistère dans cette affaire; il questionna de nouveau le cuisinier, celui-ci gardait toujours le silence. M......., voulant le faire parler, lui avoua que Murat avait dit beaucoup de mal de lui, et qu'il le qualifiait même de très-mauvais sujet. Cette déclaration de M....... fit sortir le cuisinier de l'extrême réserve qu'il avait eu; jusques-là il se déboutonna et découvrit le pot aux roses à M...... Son indignation le porta plus loin; il apprit à toutes ses connaissances l'escroquerie de Murat; celui-ci qui en fut bientôt informé, fit exiler à l'île de Rhé, le vieux cuisinier; et dans la crainte que les enfans ne parlassent de la cause qui avait occasionné l'exil du père, on les a relégués dans cette île avec lui.

Murat après avoir été chassé des cuisines du Prince de Condé, vécut quelque temps à Paris, on ne sait trop comment. Un de ses parens qui mourut alors, lui ayant légué une somme de six mille francs, il pria son père de donner cet argent à un collège des environs, lequel était un espèce de couvent, enfin qu'il pût y faire ses études. Le père y ayant consenti, Murat, au commencement de 1786, fut reçu dans cette maison, d'où il ne sortit qu'au moment de la révolution; il y avait employé son temps de manière à faire d'assez grands progrès dans l'étude de la langue latine, des mathématiques, etc.

Lorsque le collège, ou couvent, dans lequel Murat faisait ses études, eut été supprimé, ce héros revint à Paris, et s'enrôla dans une de ces troupes composées de tous les coupes-jarrets, tirés de chaque régiment ou accourus dans la capitale de tous les coins de la France. Il chercha particulièrement à fixer l'attention de *Santerre*, et on le vit déployer la plus grande activité sur les massacres de Septembre. Après la mort de Louis XVI, il partit avec l'armée révolutionnaire pour le siége de Toulon.

Ce misérable, partout où il y avait des sociétés populaires, ne manquait pas de s'y présenter; et pour y être mieux accueilli, il se disait le parent, le neveu du grand Marat; il portait toujours l'os d'un orteil qu'il montrait comme un trophée, comme une relique, et qu'il appelait une dépouille d'aristocrate.

Ce fut à Toulon qu'il fit connaissance de Buonaparte; mais celui-ci jouissait dans cette ville, d'une si mauvaise réputation, que Murat lui-même était honteux de se trouver avec lui. S'étant, dans la suite rencontrés à Nice, ils renouvelèrent connaissance, et ils devinrent bientôt intimes. Ils firent fusiller plusieurs personnes renfermées au fort; ils ordonnaient tous deux ces sanglantes exécutions; ils faisaient tirer leurs satellites de manière à ce que les tristes victimes eussent encore quelques minutes à vivre, afin disaient-ils, de jouir plus long-temps du plaisir de voir les grimaces que les aristocrates faisaient en mourant ! ! !

Ces cruautés, jointes à plusieurs vols que ces deux scélérats avaient commis, engagèrent le pro-consul Aubry à les faire arrêter. Buonaparte obtint bientôt sa mise en liberté; et, pour se rendre à Paris, il fit comme Moïse, lorsqu'il arracha les enfans d'Israël de la terre de servitude, il chemina tristement à pied !

Murat fut long-tems renfermé dans un fort avec son ami Le Clerc, qui, dans la suite devint son beau-frère, et qui était complice de tous les meurtres, de tous les vols que le héros du Quercy et celui de Corse avaient mis à l'ordre du jour.

Dès que Buonaparte eut été nommé Général en chef de l'armée d'Italie, Murat obtint le grade de colonel, et fit toutes les campagnes de ce malheureux pays; il suivit son ancien associé en Egypte, revint avec lui quand il déserta son armée, et l'aida à culbuter le directoire. Pour récompenser tant de services, Napoléon le maria à sa plus jeune sœur, la princesse Caroline, cette vertueuse et fidèle messagère des chastes amours de ses deux sœurs, et que le vertueux, le magnanime Moreau avait nettement refusée.

Toutes les fois que le tigre Napoléon avait une commission de sang à faire exécuter, c'était toujours son digne beau-frère Murat qu'il en chargeait ; quoique ce Murat se soit toujours montré le plus lâche des hommes en présence de l'ennemi.

Quand, en 1805, il était à Vienne, le Moniteur annonça qu'il avait fait plusieurs charges brillantes à la tête de la cavalerie ; le Maréchal Lannes, indigné d'un tel excès d'impudence, dit à Buonaparte que, s'il ne faisait pas rétracter ce rapport dans le journal officiel, lui Lannes saisirait la première occasion de donner un démenti formel à Murat ; ce qu'il fit bientôt après, d'une manière très-publique, Murat n'osa souffler devant Lannes, il avala la pillule, mais il se plaignit bravement à Buonaparte de la conduite de Lannes. Buonaparte fit des remonstrances à Lannes ; celui-ci n'en devint que plus violent, et il reçut l'ordre de quitter Paris.

Dans la guerre de Prusse, qui eut lieu l'année suivante. Lannes se plaignit de nouveau de ce que les bulletins lui volaient pour les donner à Murat, les éloges qui lui étaient dus.

A la fin, Lannes envoya un cartel à Murat : celui-ci, très-effrayé, courut bien vite s'en plaindre à Buonaparte.

Le magnanime Empereur, prit alors tous les airs de majesté ; il fit paraître devant lui Monseigneur Lannes, et il lui dit que, défier un Prince, dont le titre était Altesse impériale, équivalait à un crime de haute trahison, et qu'à moins qu'il ne fit des excuses convenables à son Altesse impériale le Grand-Duc de Berg, Murat, il serait forcé de l'envoyer devant la Haute Cour !

Mais ce langage ménaçant eut, sur Monseigneur Lannes, un effet bien opposé à celui que Buonaparte en attendait ; le Maréchal, devenu furieux, s'agita comme un désespéré : il traita toutes les Altesses impériales de savoyards, de décroteurs, de gueusards, de polissons, de j......f.....s, etc. etc. Il en résulta que Lannes, mis d'abord aux arrêts, fut ensuite envoyé, sous bonne escorte à Paris.

On n'a point d'idée de la conduite sanguinaire de ce monstre Murat, lorsqu'il était en Espagne. Je le répète, quand Buonaparte médite quelques sanglantes exécutions, quand il a dévoué à la mort d'innocentes victimes, c'est toujours Murat ou Savary qui lui servent de bourreaux.

Lorsqu'on déchirait l'infortuné Pichegru par tous les genres de torture, c'était en présence du cruel Murat. Quand un tribunal de sang a condamné et fait exécuter le brave et intrépide Duc d'Enghien, c'était encore le canibale Murat, qui dirigeait les juges assassins qui prononcèrent l'arrêt inique, et ce fut lui qui dirigea les coups des misérables qui l'exécutèrent ! ! !

Si jamais Buonaparte meurt de sa belle mort, je ne doute pas que Murat n'usurpe le pouvoir suprême. Dans ce cas le système de la France, quant à l'état intérieur ou aux relations extérieures de cet Empire, resterait à-peu-près de même. Murat n'est pas aussi fou que Buonaparte ; mais il est aussi vicieux et ambitieux que lui, et en a donné des preuves, il n'y pas longtemps.

Quand ces constellations très-sublunaires étaient toutes rassemblées à Bayonne, après le fameux guet-à-pens ; Buonaparte avait envie de nommer sa sœur Madame Murat, Reine de Naples, et de donner seulement à Murat, le titre de Gouverneur-général des Deux-Siciles, parce qu'il n'était pas digne d'être Roi, puisqu'il n'avait pas l'honneur d'être du sang impérial. Murat protesta hautement contre l'affront qu'on voulait lui faire : enfin après s'être bien chanté pouilles, Murat eut la gloire de l'emporter sur son impérial beau-frère.

Ce Murat que toute la France sait n'avoir été qu'un obscur vagabond, voudrait qu'on le crut sortir d'une bonne famille. Il affecte les manières d'un grand seigneur, et il ambitionne beaucoup de passer pour savant. Il a singulièrement à cœur de persuader qu'il descend d'une race illustre.

Il y a six ans environ que les journaux de Paris, donnèrent, sous la rubrique de Ratisbonne, la nouvelle qui suit : « Nous annonçons « l'arrivée dans cette ville, d'un Comte de Murat, qui vient de Vienne ; « c'est probablement un cousin du célèbre Général français Murat. » Comme on était à la veille de créer une noblesse en France, l'article en question n'avait été mis que pour faire accroire aux Français que Murat était de l'ancien régime !!!

---

(3) *Duc de Rovigo.*

Cet homme a été, pendant plusieurs années, Directeur de la police particulière de Buonaparte. On le regarde, en France, comme un brigand de la plus vile espèce ; il ne fait pas difficulté d'assassiner, de ses propres mains, les victimes que le tyran lui désigne. On connait l'assassinat du Général Desaix, commis par ce lâche bandit, ainsi que sa conduite envers la Famille royale d'Espagne. Je suis convaincu, qu'à l'exception de Buonaparte et de Murat, il n'existe pas en France, de monstre plus cruel et plus sanguinaire que le Duc de Rovigo.

'Quoique cet homme descend d'une bonne famille de Languedoc, quoique sa femme Mlle. .... soit elle-même bien née, il est impossible de trouver quelqu'un qui ait des manières plus basses, plus dégoutantes et plus horribles que ce scélérat. Il est très-distrait en société. On le voit s'agiter et tressaillir à chaque instant. On dirait que les malheureuses victimes qu'il a égorgées, apparaissent continuellement à ses régards pour le tourmenter sans cesse. C'est cet homme qui a la clef de la caisse qui renferme la pharmacie particulière de Buonaparte ? Demande............ Pourquoi l'homme de l'art n'a-t-il pas cet emploi ? Il a la moutre du Duc d'Enghien, offerte aux mameloucks chargés dé le tuer à Vincennes, et par eux réfusée. Il a meublé ses palais d'objets précieux volés à ses victimes.

---

(4) *Grand-Juge et Ministre de la Justice.*

Imbécile du premier ordre, autrefois Avocat à Nancy et Député à l'Assemblée constituante. Buonaparte en reconnaissance de ce qu'il avait singulièrement favorisé les événemens du 18 Brumaire, le fit Ministre de la justice. Quelques temps après la paix, le héros ayant réuni le ministère de la police à celui de la justice, parce qu'il avait alors renvoyé Fouché, créa pour Régnier le titre de Grand-Juge, qu'il ajouta à celui de Ministre de la justice.

Régnier s'étant montré trop faible dans l'affaire de Moreau, Buonaparte lui ôta la police qu'il rendit à Fouché.

Le ministère de la justice est peut-être le plus lucratif de tous les ministères de France. Le salaire de cet emploi, comme les autres places de Ministres, est de deux cent mille francs ; mais il a certains droits qui, avec le tour de baton, font valoir ce poste près de six cent mille francs.

Ce M. Regnier est un maître gourmand, un fameux ivrogne, il eut un jour une grande querelle avec son cuisinier, au sujet d'une carpe venue de la Moselle, tandis que le cuisinier soutenait qu'elle était du Rhin.

Il vit avec sa blanchisseuse dont il a un enfant. Il a placé la famille de sa grosse dondon dans les bureaux et dans les antichambres du ministère.

C'est lui qui a fabriqué le Décret du 12 Décembre 1810, qui a donné aux Juges le droit de rayer du tableau des Avocats, les jurisconsultes dont les opinions ne sont pas vendus à son maître; et qui a placé les Avocats sous la férule des Procureurs-généraux.

L'enflure de ses joues attestent que son maître frappe fort et juste.

Il paie à Courtin, Procureur impérial, 8000 francs, pour être son espion au Palais.

Il est lié avec le Sénateur Vimar, fils d'un huissier de Neufchâtel, marié à la femme de son ami, dont il a provoqué le divorce, valet du Directoire qui le nomma Ministre de la justice, espion secret de Buonaparte au Sénat, et criant quand il parle : vive le Roi! vive la Ligue! Ce Vimar a la Sénatorerie de Nancy, pays de Regnier.... Passe moi la rhubarbe, je te passerai le séné. Cet imbécile est ce que les Français appellent un homme nul.

---

(5)

Ministre et Conseiller d'État, Secrétaire de la Famille impériale, grand Procureur-général, etc. etc. était Avocat à Saint-Jean-d'Angely, avant la révolution, fut nommé député aux États-généraux. On l'avait regardé comme un homme modéré.

Proscrit sous Robespierre, il ne fut Membre d'aucun des deux Conseils sous le Directoire; lors que Buonaparte s'empara de l'île de Malte, Régnault y fut envoyé comme Gouverneur. En sa qualité de chaud partisan de Buonaparte, au 18 Brumaire, il fut créé Conseiller d'État, et il est encore aujourd'hui un personnage important à la comédie de Buonaparte, on lui donne beaucoup de mérite, mais il vend ses bons offices très-chers. Tous les soirs, il charge sa voiture de deux filles qu'il mène chez lui, qu'il fatigue de caresses, et les renvoie le matin en leur disant use de mon crédit ; fais toi payer par tes protégés auprès de moi. C'est ainsi que je m'acquitte envers toi.

Insolent, lâche, crapuleux criblé de dettes, ayant vendu sa femme au Prince Kourakin pour un coffre. Il est en exécration aux yeux de tout le monde,

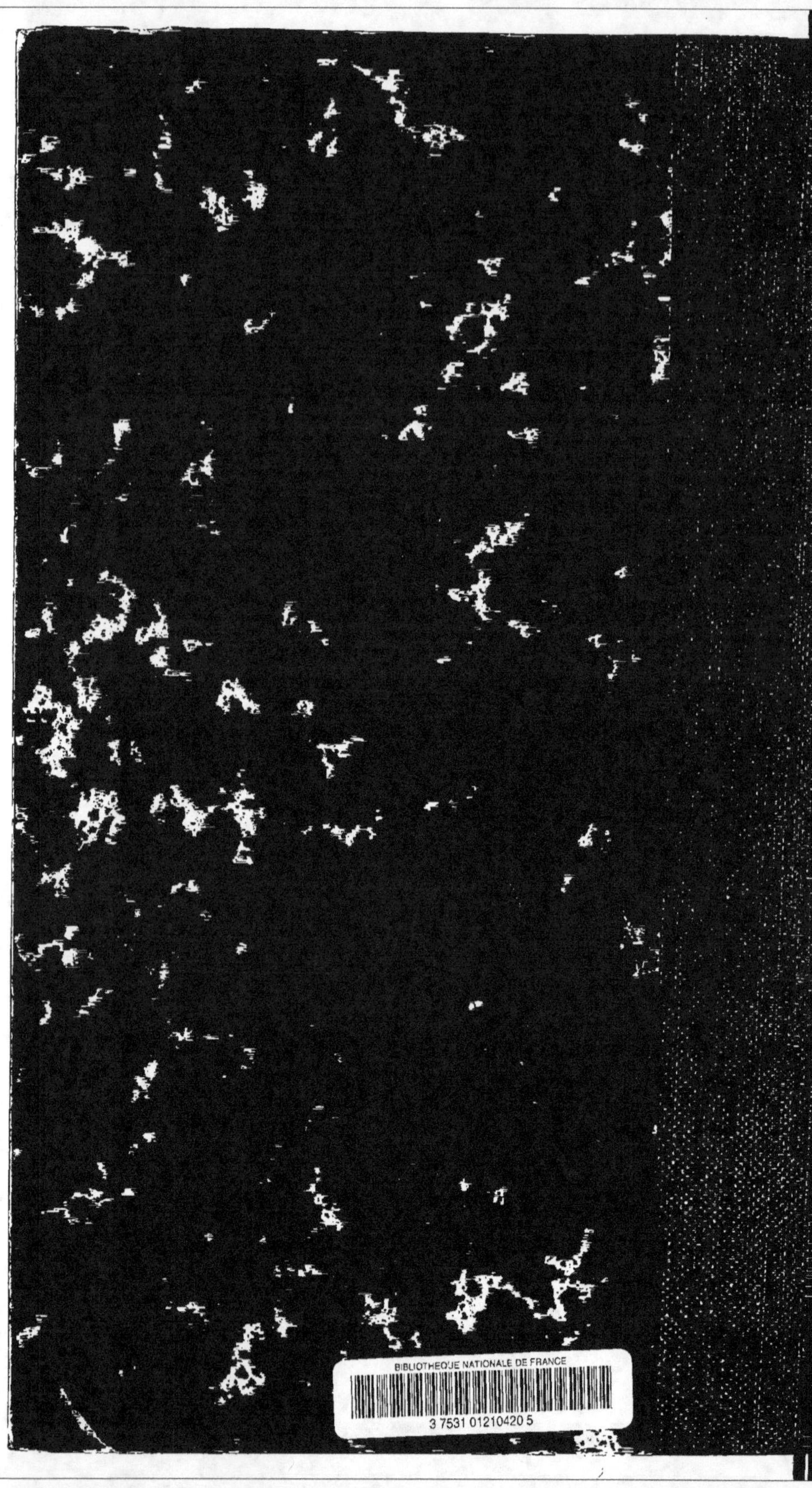
BIBLIOTHEQUE NATIONALE DE FRANCE
3 7531 01210420 5